A verdade

A verdade
Danilo Marcondes

FILOSOFIAS: O PRAZER DO PENSAR
Coleção dirigida por
Marilena Chaui e Juvenal Savian Filho

wmf **martinsfontes**
São Paulo 2014

*Copyright © 2014, Editora WMF Martins Fontes Ltda.,
São Paulo, para a presente edição.*

1ª edição 2014

Edição de texto
Juvenal Savian Filho
Acompanhamento editorial
Helena Guimarães Bittencourt
Revisões gráficas
Letícia Braun
Solange Martins
Edição de arte
Katia Harumi Terasaka
Produção gráfica
Geraldo Alves
Paginação
Moacir Katsumi Matsusaki

**Dados Internacionais de Catalogação na Publicação (CIP)
(Câmara Brasileira do Livro, SP, Brasil)**

Marcondes, Danilo
A verdade / Danilo Marcondes. – São Paulo : Editora WMF Martins Fontes, 2014. – (Filosofias : o prazer do pensar / dirigida por Marilena Chaui e Juvenal Savian Filho)

ISBN 978-85-7827-818-2

1. Verdade (Filosofia) I. Chaui, Marilena. II. Savian Filho, Juvenal. III. Título. IV. Série.

14-01563   CDD-121.68

Índices para catálogo sistemático:
1. Verdade e interpretação : Epistemologia : Filosofia   121.68

Todos os direitos desta edição reservados à
Editora WMF Martins Fontes Ltda.
*Rua Prof. Laerte Ramos de Carvalho, 133 01325.030 São Paulo SP Brasil
Tel. (11) 3293.8150 Fax (11) 3101.1042
e-mail: info@wmfmartinsfontes.com.br http://www.wmfmartinsfontes.com.br*

SUMÁRIO

Apresentação • 7
Introdução • 9

1 Teorias tradicionais sobre a verdade • 17
2 Críticas às teorias tradicionais sobre a verdade • 33
3 A verdade em sentido jurídico • 47
4 Conclusão • 54

Ouvindo os textos • 57
Exercitando a reflexão • 69
Dicas de viagem • 77
Leituras recomendadas • 82

APRESENTAÇÃO
Marilena Chaui e Juvenal Savian Filho

O exercício do pensamento é algo muito prazeroso, e é com essa convicção que convidamos você a viajar conosco pelas reflexões de cada um dos volumes da coleção *Filosofias: o prazer do pensar*.

Atualmente, fala-se sempre que os exercícios físicos dão muito prazer. Quando o corpo está bem treinado, ele não apenas se sente bem com os exercícios, mas tem necessidade de continuar a repeti-los sempre. Nossa experiência é a mesma com o pensamento: uma vez habituados a refletir, nossa mente tem prazer em exercitar-se e quer expandir-se sempre mais. E com a vantagem de que o pensamento não é apenas uma atividade mental, mas envolve também o corpo. É o ser humano inteiro que reflete e tem o prazer do pensamento!

Essa é a experiência que desejamos partilhar com nossos leitores. Cada um dos volumes desta coleção foi concebido para auxiliá-lo a exercitar o seu pensar. Os temas foram cuidadosamente selecionados para abordar os tópicos mais importantes da reflexão filosófica atual, sempre conectados com a história do pensamento.

Assim, a coleção destina-se tanto àqueles que desejam iniciar-se nos caminhos das diferentes filosofias como àqueles que já estão habituados a eles e querem continuar o exercício da reflexão. E falamos de "filosofias", no plural, pois não há apenas uma forma de pensamento. Pelo contrário, há um caleidoscópio de cores filosóficas muito diferentes e intensas.

Ao mesmo tempo, esses volumes são também um material rico para o uso de professores e estudantes de Filosofia, pois estão inteiramente de acordo com as orientações curriculares do Ministério da Educação para o Ensino Médio e com as expectativas dos cursos básicos de Filosofia para as faculdades brasileiras. Os autores são especialistas reconhecidos em suas áreas, criativos e perspicazes, inteiramente preparados para os objetivos dessa viagem pelo país multifacetado das filosofias.

Seja bem-vindo e boa viagem!

INTRODUÇÃO
Por que a verdade?

> *"O que é verdade?", perguntou Pilatos,*
> *mas não esperou pela resposta.*
> Francis Bacon

Uma das mais belas representações artísticas da Verdade se encontra certamente em uma curiosa tela do Renascimento, o quadro alegórico de Sandro Botticelli, hoje na Galleria degli Uffizi, em Florença, intitulado *A calúnia de Apeles*. Nele, a Verdade é apresentada como uma mulher nua, de longos cabelos soltos, com o braço esquerdo erguido para o alto, num gesto que aponta para uma realidade mais elevada. A nudez, como frequentemente na arte renascentista, simboliza a pureza. Além disso, juntamente com a juventude da mulher, simboliza também a inocência. A nudez mostra, revela e, portanto, significa transparência; também inocência, no sentido de que não há nada a esconder. Ela se expõe plenamente e com naturalidade, mostrando-se a nossos olhos como é. Sua nudez revela ainda sua beleza, um dos atributos renascentistas da Verdade.

Sandro Botticelli, *A calúnia de Apeles* (detalhe).

No quadro de Botticelli, a Verdade contrasta com a Calúnia, representada como uma mulher velha e feia, com pesadas vestes escuras, que a encobrem e que se curva perante a jovem, observando-a com olhar raivoso e apontando para o chão, a realidade inferior e mesquinha dos que mentem. O contraste é evidente: enquanto a verdade atrai a admiração de quem a contempla, a mentira repele, afasta.

A nudez representa também a simplicidade em oposição às vestes elaboradas da mentira que a encobrem, a ocultam, nos impedem de ver. A Verdade, como dissemos, é representada por uma bela jovem e é frequentemente associada à beleza. Contudo, sabemos que a verdade pode por vezes ser desagradável, causar impacto negativo e até mesmo sofrimento, por exemplo, quando se dá a alguém uma notícia ruim.

Nossa representação contemporânea da verdade é bastante distante da pintura de Botticelli, mas grande parte de seus atributos permanece. Procuraremos entender aqui como esses atributos podem ser interpretados e que importância tiveram.

A verdade é um conceito-chave não só para a Filosofia, mas para nosso pensamento, para nossa cultura de modo geral.

Afinal, o que nos faz distinguir o verdadeiro do falso? Os filósofos, desde Platão (427-347 a.C.) e Aristóteles (384-322 a.C.), consideraram que a distinção entre verdadeiro e falso se aplica ao pensamento e à sua expressão linguística na medida em que eles visam estabelecer determinada relação com a realidade, que pode ou não corresponder a como as coisas, ou fatos, se dão na realidade.

Na linguagem comum, contudo, consideramos coisas como verdadeiras, por exemplo, quando dizemos que esta maçã é verdadeira e não uma imitação de plástico ou de cera. Nesse sentido, "verdadeiro" é sinônimo de "autêntico", ou mesmo de "real" e até de "natural" (em oposição, por exemplo, a "artificial"). Mas a pergunta sobre como fazemos essas distinções e como entendemos o conceito de verdade permanece e, como veremos, não tem uma única resposta, mas recebeu ao longo da tradição várias formas de tratamento, que examinaremos em linhas gerais a seguir.

Podemos entender a verdade em dois sentidos gerais bastante diferentes, embora relacionados: de um lado, o sentido moral e jurídico; de outro, o sentido epistêmico (ou seja, relativo ao conhecimento propriamente dito).

Em uma perspectiva moral, a verdade é entendida como honestidade, sinceridade, autenticidade, transparência. Pessoas honestas e sinceras são aquelas que dizem a verdade. De um ponto de vista jurídico, o sistema judiciário em geral afirma um compromisso com a verdade e frequentemente a identifica com a justiça. Na fórmula tradicional, um tabelião, ao autenticar um documento ou ao emitir uma comprovação, diz: "o referido é verdade e dou fé". Tabeliães, juízes, procuradores e vários tipos de autoridades judiciárias que possuem fé pública podem certificar documentos desse modo. Ao mesmo tempo, uma investigação judicial e um julgamento visam estabelecer a verdade dos fatos ao, por exemplo, indiciar alguém ou absolver ou condenar um réu.

Em uma perspectiva epistemológica, a verdade está relacionada ao conhecimento da realidade, à representação correta, ou seja, verdadeira, dos fatos. Uma teoria científica, na definição clássica, estabelece verdades universais e necessárias sobre o real. O conceito de verdade está assim diretamente ligado ao de conhecimento científico desde a definição clássica discutida ao longo do diálogo de Platão chamado *Teeteto*: "conhecimento é crença verdadeira justificada" (*epistéme estín alethés dóxa kai lógos*), ainda que a discussão, nesse diálogo de Platão, fique em aberto. Examinaremos, em seguida e mais detalhadamente, essas concepções de verdade, começando com a epistemológica.

No diálogo intitulado *Sofista*, Platão define a verdade como propriedade da relação entre uma sentença, ou seja, uma afirmação (*lógos*), e a realidade que a sentença pretende descrever. Uma lista aleatória de palavras não é exatamente uma sentença, e, portanto, nada diz sobre a realidade, não podendo ser nem verdadeira nem falsa. Uma sentença ou um *lógos* resulta de uma *symploké*, isto é, de uma relação ou articulação entre dois tipos de termos, que exercem funções diferentes: o nome e o verbo, sujeito e predicado diríamos hoje, e é essa relação entre os termos da sentença que deve retratar a relação, na realidade, entre um objeto e suas propriedades.

No exemplo do *Sofista* (263a-b), a sentença "Teeteto está sentado" é verdadeira porque retrata o que Teeteto efetivamente está fazendo, enquanto a sentença "Teeteto voa" é falsa porque Teeteto não está voando, até mesmo porque não pode voar. O objetivo de

Platão nesse diálogo é caracterizar o sofista como "produtor do falso", refutando a tese paradoxal dos sofistas de que todo discurso é verdadeiro, já que todo discurso fala de algo existente e não seria possível falar do nada. Para tanto, Platão precisa introduzir a distinção entre verdadeiro e falso, o que faz com base na relação entre sentenças e fatos no mundo. Sentenças são verdadeiras quando descrevem os fatos tais como são, como no exemplo de "Teeteto está sentado", e falsas quando o que descrevem não corresponde ao que ocorre, tal como em "Teeteto voa".

Aristóteles retoma essa concepção no *Tratado da interpretação* quando mantém que a verdade é uma propriedade da linguagem, ou seja, do *lógos apophantikós*, da sentença que pretende descrever o real, tal como este é.

Com frequência, em nossa tradição ocidental, identificamos *verdade* e *certeza*, e atribuímos assim à verdade um valor positivo, tomando-a mesmo com um sentido normativo, não apenas descritivo, como quando alguém diz "tenho certeza!" Contudo, o conceito de certeza refere-se mais a um estado subjetivo em que alguém crê que algo seja verdadeiro, podendo não sê-lo, do que à verdade no sentido de representação correta ou adequada do real. Posso estar convicto de uma crença falsa, mesmo honestamente. Portanto, certeza e verdade pertencem a categorias diferentes, e é importante distingui-las.

Vamos analisar agora algumas das concepções mais tradicionais de verdade, iniciando com as mais clássicas, as teorias da correspondência, da coerência e do consenso. Veremos que essas teorias não são necessariamente incompatíveis entre si, mas visam dar conta da verdade como relação com a realidade e, portanto, dos modos de distinguir o verdadeiro do falso. Veremos, contudo, como essas diferentes teorias enfrentam problemas que mostram as dificuldades de se definir a verdade e como, em consequência, são formuladas algumas alternativas.

1. Teorias tradicionais sobre a verdade

1.1. A verdade como correspondência

Trata-se da mais clássica definição de verdade e se caracteriza por uma visão realista do conhecimento e da verdade. Sua origem se encontra nas concepções platônica e aristotélica mencionadas anteriormente. Encontramos desde a tradição até o período contemporâneo diferentes versões e variações dessa teoria, mostrando que está longe de ser superada.

Segundo essa concepção, a verdade é resultado da adequação entre o pensamento humano, ou entre a linguagem que expressa esse pensamento e a realidade que esse pensamento, ou essa linguagem (dois sentidos de *lógos*), pretende descrever. Quando a relação descreve os fatos tais como são, temos então um pensamento ou uma sentença verdadeira.

A teoria da verdade como correspondência tem, portanto, um pressuposto realista, quer dizer, um ponto de partida segundo o qual se afirma existir uma realidade predeterminada e independente do pensamento, podendo essa realidade ser descrita pelo pensamento humano e pela linguagem que o expressa. Essa teoria pressupõe não só a existência da realidade como tal (numa posição realista ontológica), mas também que possamos conhecê-la e descrevê-la tal como ela é (um pressuposto realista epistêmico).

Segundo a fórmula medieval, de herança aristotélica, *veritas est adequatio intellectus et rei* ("a verdade é a adequação do intelecto e do real"), encontrada, por exemplo, em Santo Tomás de Aquino (*Suma teológica* I, questão 16, artigo 1).

O apelo do realismo consiste em que, quando descrevemos o real, pretendemos efetivamente descrevê-lo tal como é; de nada adiantaria tentarmos falar do real se não pudéssemos fazê-lo de forma verdadeira. Portanto, a teoria correspondentista da verdade é uma teoria forte, na medida em que pretende estabelecer uma descrição verdadeira dos fatos ou das coisas como elas são. Seu pressuposto forte consiste exatamente na concepção realista segundo a qual pode haver uma correspondência entre duas realidades distintas (de um lado, a mente humana e a linguagem; de outro lado, a realidade ela própria). Mas, o que garante que essas duas naturezas possam efetivamente se relacionar? De que métodos e critérios dispomos para garantir que nosso pensamento ou as sentenças que proferimos expressam efetivamente essa correspondência? O pressuposto de que a realidade humana compartilha a mesma racionalidade com a realidade do mundo é apenas um postulado. Se sua justificativa é dizer que só assim se poderia explicar a verdade como correspondência, então essa justificativa seria simplesmente circular, estaria supondo o que quer estabelecer.

Seria necessário um ponto externo a ambas as teorias a partir do qual pudéssemos compará-las, ou seja, examinar a relação e estabelecer se há ou não correspondência, isto é, se nosso juízo é verdadeiro ou falso. Dependemos, portanto, de um critério epistêmico para determinar isso, de um método para chegar à verdade. Alguns teóricos chegam a distinguir entre a concepção realista de verdade e o método de estabelecimento da verdade. Porém, se os considerarmos independentes, permanecemos sem um meio de decidir entre o verdadeiro e o falso, e a concepção realista de verdade torna-

-se puramente teórica ou especulativa. Nesse aspecto (uma concepção realista puramente especulativa), alguns historiadores da Filosofia têm chamado a atenção para o fato de que é necessário rever o modo como compreendemos o realismo ou o objetivismo de autores como Platão, Aristóteles e Tomás de Aquino, entre outros, pois muitas vezes os estudamos segundo retratos que ficaram fixados por certa historiografia hoje já ultrapassada e que atribuía a esses autores um realismo ingênuo ou um objetivismo absoluto. Etienne Gilson (1884-1978) é um dos historiadores que advogam uma renovação na historiografia do pensamento antigo e medieval. Profundo conhecedor também do pensamento moderno, principalmente de René Descartes (1596--1650), Etienne Gilson insistia que a concepção de verdade como adequação entre o intelecto e a realidade não significava, ao menos para Tomás de Aquino (1225--1275), uma simples correspondência entre o pensamento e a realidade. Para Tomás, a ideia de uma adequação ou a preocupação com a verdade só aparece quando o intelecto toma-se como distinto de seu objeto (índice de uma coisa na realidade), o que ocorre precisamente quando o intelecto volta-se para sua própria capacidade de julgar as coisas, ou seja, de unir termos (índices das coisas), fazendo uma afirmação, ou de separá-los, fazendo uma negação. A problemática da verdade remeteria, então, em primeiro lugar, ao funcionamento do intelecto, que cuida de saber se os termos por ele relacionados correspondem ou não àquilo a que esses termos pretendem referir-se. Dessa perspectiva, a realidade "externa" ao intelecto funcionaria como critério para avaliar a correção do modo como o intelecto emite juízos. O ponto de partida de toda especulação para Tomás de Aquino não seria o ser das coisas, ingenuamente pressuposto (do que, aliás, Descartes parece acusar Tomás de Aquino), mas a percepção sensível dos seres concretos e experimentados como atualmente existentes porque distintos daquele que os percebe. Em vez de puramente especulativo, esse tratamento, no dizer de Etienne Gilson, é radicalmente existencial.

Seja como for, a imagem de mera especulação ou mesmo de posicionamento não crítico ficou associada aos pensadores antigos e medievais que sustentaram a teoria correspondentista da verdade. A historiografia filosófica tem tentado nuançar essa imagem, mas demorará algum tempo ainda para que ela seja revista. Foi com base nessa imagem que a quase totalidade dos filósofos leram os antigos e medievais desde o século XVII. Donde a identificação das dificuldades que levaram a novas tentativas de definir a verdade, tais como a teoria da coerência e a teoria do consenso, que examinaremos em seguida. Essas teorias não são necessariamente excludentes; há concepções de verdade que podem combinar vários aspectos delas.

1.2. A verdade como coerência

Segundo a teoria da verdade como coerência, o critério de verdade de uma sentença que expressa uma crença é sua coerência com um conjunto de crenças de que ela faz parte. Isso equivale a dizer que a verdade se dá sempre no interior de um sistema, e considerar verdadeira uma crença envolve remetê-la a outras crenças que ela pressupõe, em relação às quais ela pode ser interpretada como verdadeira. A verdade é uma relação interna a um sistema de crenças.

A teoria coerentista não define, portanto, a verdade como uma relação direta entre a proposição e um fato na realidade, mas antes pressupõe que a verdade de uma crença se estabelece por uma relação de coerência com as demais verdades do sistema. Uma sentença ou uma crença deve ser vista assim como parte de um todo integrado, ou uma rede. Essa é a posição, por exemplo, de W. Quine (1908-2000) e J. S. Ullian, na obra *A rede da crença*.

A teoria coerentista explica, por exemplo, por que a crença de que o Sol gira em torno da Terra é verdadeira segundo o sistema geocêntrico ptolomaico, uma vez que essa crença é coerente com outras crenças do sistema, como sua visão de cosmo, de movimento dos astros etc., e por que, de acordo com essa visão, ela pode ser considerada compatível com os fatos. A queda do sistema geocêntrico e sua substituição pelo heliocêntrico na Modernidade envolveu uma mudança de sistema, de "paradigma" (segundo o vocabulário de Thomas Kuhn (1922-1996), na obra *A estrutura das revoluções científicas*; aliás, Kuhn pode ser considerado um coerentista). Isso trouxe novos critérios de validade, como cálculos, observações por instrumentos etc., levando a novas hipóteses explicativas, o que tornou a crença de que o Sol gira em torno da Terra falsa, e a crença de que a Terra gira em torno do Sol, verdadeira.

Segundo os realistas, porém, um bom exemplo de que a referência à realidade natural é insuperável consiste exatamente na convocação, pelo V Concílio de Latrão (1512-1517), dos matemáticos europeus para contribuírem para a reforma do calendário. O calendário juliano, estabelecido pelos romanos no século I a.C., apresentava, 1500 anos depois, uma discrepância entre a data prevista para o solstício de inverno e para o solstício de verão e o efetivo começo das estações (na verdade uma diferença de nada mais nada menos que 10 dias). Portanto, o que se observava nos céus não correspondia às convenções do calendário, que não davam, portanto, conta dos fenômenos celestes. Copérnico foi um dos matemáticos convocados para essa revisão do calendário, mas alegou que não bastavam novos cálculos e que era necessário para isso reformular as explicações sobre o movimento dos astros, sobretudo do Sol em relação à Terra.

Alguns críticos das teorias coerentistas questionam a própria noção de coerência como não tendo uma definição clara. Coerência pode ser entendida como compatibilidade, integração, articulação entre crenças ou sentenças, mas essas noções não parecem esclarecer muito a noção de coerência.

Outra objeção consiste em mostrar que pode haver vários sistemas coerentes de crenças e que, portanto, não haveria uma única forma de determinar a verdade, mas os coerentistas não veem um problema nisso.

Bertrand Russell fez uma objeção às teorias coerentistas segundo a qual em um sistema desse tipo podemos encontrar uma sentença e sua negação, portanto ambas seriam verdadeiras, e haveria uma contradição interna no sistema.

A teoria coerentista, no entanto, não se opõe necessariamente à teoria correspondentista, mas pode ser considerada como estabelecendo o conjunto de pressuposições, a rede de crenças com base na qual a relação entre uma sentença e um fato pode então ser determinada.

1.3. A verdade como consenso

As teorias consensualistas da verdade se aproximam em muitos aspectos das teorias coerentistas. Enquanto a noção de coerência se aplica ao sistema e ao conjunto de crenças que o constitui, a noção de consenso se aplica ao período histórico e cultural em que se mantêm essas crenças, ou seja, diz respeito ao conjunto de indivíduos que no contexto da sociedade de determinada época as aceita ou adota.

"Consenso" significa, portanto, nesse sentido, um entendimento entre os membros de uma comunidade em determinado período histórico em torno de determinados conceitos e valores. Quando os coerentistas afirmam que uma crença é verdadeira na medida em que faz parte de um conjunto de crenças com as quais é consistente, estão estabelecendo como pressuposto que deve haver um consenso entre aqueles que adotam essas crenças. Pode-se dizer que o foco das teorias coerentistas são as crenças ou as sentenças que as expressam. Para os consensualistas, o foco é o fato de que essas crenças fazem parte de uma comunidade que as adota.

O consenso não significa um acordo explicitamente adotado por todos, pois isso não faria sentido; afinal, não há como determinar esse momento inaugural. Mas o consenso indica a visão de mundo (*Weltanschauung*) compartilhada em determinado contexto, as formas de vida (*Lebensformen*) que determinam assim crenças e valores mais específicos que constituem então o consenso.

Um consensualista como Charles Sanders Peirce (1839-1914), contudo, não considera o consenso intersubjetivo uma caraterística de determinada comunidade, relativo a determinada época e, portanto, variável histórica e socialmente, mas como um ideal regulativo, um ponto de chegada, ou o resultado da investigação de uma comunidade de cientistas ou de pesquisadores.

Segundo Peirce, o fato de que deve existir uma resposta verdadeira para uma questão consiste no seguinte: a investigação humana, ou seja, o raciocínio e a observação, tende a um acordo quanto às disputas e a uma conclusão final, independentemente dos pontos de vista particulares que serviram de pontos de partida dos pesquisadores considerados individualmente. A verdade consistiria, assim, no acordo ao qual a comunidade como um todo eventualmente chegaria.

Uma das mais influentes teorias contemporâneas sobre a verdade como consenso é a de Jürgen Habermas (1929-), que sofreu até certo ponto a influência de Peirce. Segundo Habermas, ao fazermos um proferimento, nos comprometemos com sua verdade, criamos em nosso interlocutor uma expectativa de que estamos dizendo a verdade. Trata-se de um pressuposto do discurso e, mesmo quando por vários motivos não estamos dizendo a verdade, devemos apresentar nosso discurso como se fosse verdadeiro, pois a admissão de sua falsidade o anularia diante de nosso interlocutor. Não surtiria o efeito esperado dizer "Concordo com você, mas só estou dizendo isso para lhe agradar", exceto talvez em um contexto jocoso ou irônico. A realização de um proferimento equivale assim a pretender que ele é verdadeiro, representa os fatos como são, mesmo que com frequência não tenhamos boas razões para isso. O proferimento pode não ser justificado ou garantido, e posso ser cobrado quanto a isso por meu interlocutor. É nesse sentido que o discurso é intersubjetivo, segundo Habermas, e que pressupõe um consenso sobre sua validade; portanto, sobre sua verdade, ou melhor, sobre sua veracidade. Posso me referir a uma experiência minha, a um testemunho, a uma autoridade, e os recursos que posso empregar para tanto dependem do consenso da comunidade a que pertenço. Talvez em alguns contextos eu não possa me referir a revelações, a manifestações espirituais ou a sonhos, mas em outros sim, dependendo de se, e em que medida, a comunidade a que pertenço os aceita ou não. Portanto, Habermas aproxima a verdade da argumentação discursiva, embora esses conceitos não coincidam exatamente. A teoria da correspondência, que já vimos brevemente, supõe, pelo menos nas versões mais tradicionais, que se possa estabelecer correspondência direta entre uma sentença e um fato na realidade. Vemos, no entanto, que, na perspectiva da teoria consensualista, qualquer pretensão a falar do real envolve mais elementos compartilhados pela comunidade de falantes do que uma correspondência simples e direta. O consensualismo pode ser entendido também, por esse motivo, como uma forma de convencionalismo. São as convenções sociais de uma comunidade que estabelecem os parâmetros segundo os quais o proferimento de uma sentença pode ser considerado verdadeiro.

Algumas objeções às teorias consensualistas dizem respeito a uma confusão que essas teorias, assim como as coerentistas, fariam entre a definição de verdade e os métodos e critérios para chegar a ela. Assim, posso considerar que a verdade deve consistir em correspondência com o real, independentemente dos métodos de que disponha para estabelecer essa correspondência. Porém, de modo geral, os consensualistas e coerentistas não aceitam essa separação entre definição e método, considerando que não faz sentido estabelecer uma definição a propósito da qual não se tem nenhuma indicação do método ou do critério segundo os quais ela se estabelece ou não.

De qualquer forma, a questão sobre no que consiste exatamente a relação entre pensamento, ou linguagem, e realidade, relação a que chamamos de *verdade*, permanece obscura, promovendo também o conflito entre as várias teorias aqui já mencionadas. Certamente, não desejamos ou não podemos desejar abrir mão do conceito de verdade, mas não deixa de parecer paradoxal que não a consigamos definir satisfatoriamente.

1.4. Concepção pragmática da verdade

As teorias pragmáticas da verdade têm sua origem no pragmatismo americano e se desenvolveram a partir de William James (1842-1910) e John Dewey (1859-

-1952), diferindo da teoria de Peirce, embora tenham algo em comum: segundo o pragmatismo, podemos considerar uma hipótese verdadeira de acordo com os resultados alcançados em consequência de sua aplicação prática, donde a denominação "pragmática". Dessa forma, o pragmatismo tampouco é necessariamente incompatível com o realismo ou correspondentismo, porque o critério de correspondência com a realidade pode consistir nos resultados que se obtêm. A verdade nunca é estabelecida de forma definitiva, mas o que temos, tal como na concepção de Peirce, são aproximações à verdade. Novas aplicações de hipóteses ou novos experimentos podem ampliar ou levar à revisão das hipóteses adotadas. O conceito-chave, portanto, é o de "investigação" ou "exame de hipóteses", assim como era para Peirce.

1.5. A verdade como redundância

Segundo as concepções de verdade como redundância, por vezes também denominadas teorias deflacionárias, o predicado "é verdadeiro" nada acrescenta à simples afirmação da sentença. Seriam "deflacionárias" no sentido de reduzirem a importância do acréscimo da "verdade". Dizer que "é verdade que a Terra gira em torno do Sol" nada acrescenta à afirmação "A Terra gira em torno do Sol". Trata-se apenas de uma reiteração da sentença, sem nenhum acréscimo a seu conteúdo ou a seu entendimento. Podemos, no entanto, supor que no período da Revolução Científica dos séculos XVI e XVII essa afirmação da verdade da sentença em questão poderia equivaler a uma tomada de posição no debate da época.

É claro que do ponto de vista retórico podemos supor que reafirmar uma sentença dizendo "é verdade", ou "isso é verdadeiro", pode significar exatamente uma ênfase no que está sendo dito, uma insistência, ou até mesmo uma garantia, e dessa forma faria sentido aplicar à sentença o predicado "é verdadeiro". Por exemplo, se alguém questiona meu testemunho, posso reiterá-lo e me comprometer com ele, dizendo "é verdade".

2. Críticas às teorias tradicionais sobre a verdade

As diferentes teorias sobre a verdade que examinamos brevemente receberam ao longo da tradição filosófica, sobretudo na Contemporaneidade, várias críticas e objeções. O simples fato de existirem várias teorias em competição, e de algumas delas pelo menos serem aparentemente incompatíveis entre si, já parece problemático em relação ao papel central que a tradição filosófica atribuiu à verdade. Se já na Grécia Antiga entendeu-se a Filosofia como "busca da verdade", em que sentido entende-se aí "verdade"?

2.1. A filosofia cética

Na filosofia grega antiga, os céticos foram os principais filósofos a questionar as pretensões da filosofia e da ciência ao conhecimento e, portanto, à possibilidade de descrever o real tal como é, ou seja, por meio de sentenças verdadeiras. Foram os céticos que primeiramente desenvolveram de forma sistemática argumentos sobre a inexistência de critérios conclusivos sobre o discurso como podendo ser um correlato fiel da realidade.

O *Teeteto* de Platão, que conclui com uma aporia sobre a possibilidade de definir conhecimento como crença verdadeira justificada, foi uma das mais importantes influências sobre os questionamentos céticos da Academia no período entre Arcesilau (316-241 a.C.) e Carnéades (214-129 a.C.). Afinal, esses filósofos lideraram a Academia nesse período, sendo vistos assim como herdeiros de Platão e do platonismo. O ponto fundamental do questionamento cético diz respeito, tal como no *Teeteto*, à impossibilidade de encontrar uma justificativa para a pretensão à verdade expressa no discurso que não seja aberta a objeções. A justificativa equivaleria à possibilidade de fundamentar uma pretensão à verdade, porém qualquer tentativa de estabelecer uma fundamentação depararia com um *regresso ao infinito*, ou seja, não haveria um fundamento último. A questão sobre o fundamento poderia ser sempre recolocada. Além do regresso ao infinito, as tentativas de justificar a verdade esbarrariam também em uma *circularidade* ou *dialelo*, isto é, acabariam por pressupor aquilo mesmo que pretendem estabelecer. Toda definição depende de outros conceitos por meio dos quais a definição é dada, e não conseguimos encontrar conceitos tão fundamentais que não suponham, por sua vez, outros conceitos. Um conceito remete a outro inevitavelmente e não conseguimos sair desse círculo ou dessa rede discursiva. Podemos observar que, de certo modo, o coerentismo que examinamos anteriormente parece assumir isso ao indicar que, para que uma sentença seja verdadeira, é necessário supor sua relação com as demais sentenças do sistema a que pertencem.

Os céticos se recusam, portanto, a fazer asserções com pretensão à verdade definitiva, porque consideram que, diante do conflito entre uma sentença e sua negação, não temos critérios conclusivos para decidir favoravelmente nem a uma nem a outra, mas devemos fazer uma suspensão do juízo (*epoché*) quanto à pretensão à verdade de sentenças rivais. Baseiam suas afirmações em impressões sensíveis, ou nas aparências (*phainomena*) que a experiência revela, tendo consciência, contudo, de que são provisórias e podem ser alteradas de acordo com novas experiências. Esse assentimento às aparências tem um sentido prático, e dá origem, no caso de Arcesilau, ao conceito de *pithanon*, posteriormente traduzido como "provável", aquilo a que minha experiência sensível me permite assentir, aquilo que posso afirmar, dadas determinadas circunstâncias. O provável é, assim, um sucedâneo da verdade. Qualquer pretensão a ir além da experiência sensível, ou seja, ao não manifesto, seria infundada e sujeita às objeções céticas que mencionamos.

Esses questionamentos céticos às pretensões ao conhecimento e ao conceito de verdade serão retomados na Modernidade, nos séculos XVI e XVII, em relação ao debate entre racionalistas e empiristas, levando à introdução e à elaboração de uma nova versão do probabilismo.

2.2. Verdade e probabilidade

Vimos que Arcesilau introduziu a noção de provável como um sucedâneo da verdade, tendo em vista a ausência de critérios conclusivos para estabelecer a verdade de qualquer sentença. Provável seria tudo aquilo que se pode afirmar sem saber ao certo se é verdadeiro dadas determinadas circunstâncias, que por sua vez podem se alterar. O provável cumpre, assim, determinada finalidade prática na decisão sobre o que fazer. Cícero traduziu, na obra *Acadêmicos*, o termo grego *pithanon* pelo vocábulo latino *probabilis*. Essa é a origem da probabilidade. No contexto antigo, ela tem um sentido informal, remetendo àquilo que adotamos por motivos práticos, na ausência da possibilidade de determinar a verdade. Só foi na Modernidade, sobretudo com o matemático francês Pierre-Simon Laplace (1749-1827), que o cálculo das probabilidades será efetivamente desenvolvido. O historiador Ian Hacking, em sua obra *A emergência da probabilidade* (1975), traça a história moderna desse conceito, mostrando como se desenvolvem as noções de indução e de inferência estatística e como podemos adotar hipóteses mesmo sem poder comprová-las de modo definitivo, sem que isso invalide a possibilidade do conhecimento científico, ao contrário do que se acreditava na Antiguidade, quando conceitos como "verdade", "conhecimento" e "ciência" eram praticamente indissociáveis.

Já no século XVII, o filósofo francês Pierre Gassendi (1592-1655), que polemizou contra Descartes e considerava impossível a obtenção da certeza no sentido cartesiano, propôs a noção de verossimilhança como uma aproximação à verdade, mesmo sem a garantia de chegarmos à verdade de modo definitivo, possibilitando no entanto um conhecimento científico empírico nesse sentido.

A discussão do papel da indução no processo de conhecimento pelo inglês Francis Bacon (1561-1626) também permitiu que se trabalhasse no contexto moderno com hipóteses científicas cuja validade era apenas provável. Entre o verdadeiro e o falso haveria uma gama de possibilidades que nos permitem algum grau de conhecimento, evitando a pura e simples dicotomia entre esses dois conceitos.

2.3. A verdade como metáfora

Em um texto de 1873, *A verdade e a mentira em um sentido extramoral*, Friedrich Nietzsche (1844-1900) faz uma crítica contundente à constituição do conceito de verdade e de sua utilização na tradição filosófica, retomando algumas ideias de um texto anterior, *Sobre a paixão da verdade*, de 1872. Nietzsche vê a verdade basicamente como uma metáfora, uma metáfora extremamente bem-sucedida nessa tradição pela qual os homens caracterizaram sua posse do conhecimento simplesmente esquecendo a origem arbitrária dessa metáfora, daquilo que não é, nem pode ser, mais do que uma imagem. Os conceitos e as palavras seriam apenas metáforas que em nada correspondem às entidades originais que pretendem representar cognitivamente. A verdade e o conhecimento seriam assim mera conveniência, uma convenção humana para facilitar a comunicação e o entendimento entre os homens, mas acabaram por tornar-se a base do conhecimento da realidade e da ciência, sem nos darmos conta de sua origem convencional, como "uma moeda que, gasta demais, perdeu a sua efígie". Passamos a nos iludir quanto à possibilidade do conhecimento e nos fechamos em posturas dogmáticas resultado do trabalho de nosso intelecto, esse "mestre da dissimulação", nas palavras de Nietzsche.

Esse texto está assim na origem de textos posteriores, como a *Genealogia da moral* (1887), em que

Nietzsche desenvolve a ideia de que devemos fazer a crítica dos conceitos em seu surgimento, revelando, ou melhor, expondo sua função social e deixando de tratá-los como universais ou como tendo a capacidade de representar a realidade como ela é.

Nietzsche enfatiza, portanto, a origem sociocultural do conhecimento, que, desse modo, não pode possuir nenhuma universalidade ou necessidade, mas resulta apenas de convenções humanas historicamente determinadas. A tradição metafísica, no entanto, nos faz passar isso como consistindo exatamente em verdades universais, criando um mecanismo de ilusão. Esse mecanismo é, por sua vez, um instrumento daqueles que detêm o poder na sociedade e que impõem seus pontos de vista e seus interesses. A conformidade aos costumes nada mais seria do que uma consequência disso. Na *Gaia Ciência* (1882), Nietzsche pergunta: "quanto podemos suportar da verdade?".

A crítica nietzschiana à tradição metafísica ocidental, com sua produção do conceito de verdade e sua supervalorização do conhecimento e da ciência, teve grande influência na crítica a essa tradição, desenvolvida sobretudo na Filosofia e na análise da formação da cultura no século XX.

A posição de Nietzsche pode ser vista, até certo ponto, como compatível com o coerentismo e o consensualismo, que também rompem com o realismo e enfatizam o caráter convencional da noção de verdade, sobretudo o consensualismo. Porém, a grande diferença está em que Nietzsche faz essa crítica ao realismo como denúncia de uma ilusão, a "fabricação do conceito de verdade", visando assim desmascará-la em sua origem e em seu funcionamento, e não propondo apenas uma alternativa ao modelo clássico.

2.4. A verdade como desvelamento

Uma das análises críticas mais originais do conceito de verdade se encontra em um texto de Martin Heidegger (1889-1976), intitulado *A doutrina de Platão sobre a verdade* (1940). Nesse texto, retomando algumas questões discutidas em um texto anterior de 1930, *A essência da verdade*, Heidegger desenvolve uma leitura interpretativa de uma das passagens mais famosas da tradição filosófica, a Alegoria da Caverna, registrada no início do livro VII da *República* de Platão.

Encontramos na análise desse texto a tese de Heidegger segundo a qual, para os gregos do período anterior à filosofia clássica, o ser era entendido sobretudo como presença (*Anwesenheit*), mas a tradição metafísica alterará fundamentalmente essa compreensão ao introduzir os conceitos de conhecimento da realidade e de verdade, fazendo assim a passagem de uma experiência do ser como relação ontológica para o conhecimento do ser, agora entendido como realidade, como relação epistemológica. O termo grego *alétheia*, que traduzimos por verdade, perde assim seu sentido originário de desvelamento, não esquecimento, e adquire o sentido de correspondência com o real.

Segundo essa interpretação, a Alegoria da Caverna é um dos textos exemplares da constituição da relação entre metafísica e epistemologia; portanto, de uma reformulação do conceito de verdade em um sentido epistêmico.

Na Alegoria, vê-se que, no processo de libertação do prisioneiro, este se sente profundamente perturbado quando, passando da visão das sombras, dirige seu olhar diretamente para o fogo no fundo da caverna. O mesmo se dá quando, tendo saído da caverna e alcançado o mundo exterior, dirige seu olhar para a luz; sua visão se encontra ofuscada e necessita de tempo para se adaptar a essa nova realidade. Heidegger aponta que, nesse processo de adaptação do olhar, em que a visão é uma metáfora do conhecimento, ao passar de uma etapa a outra de seu modo de ver, o prisioneiro deve adequar o seu olhar progressivamente à natureza daquilo a que olha, de seu "objeto", poderíamos dizer em terminologia moderna. Essa adequação, origem da concepção realista que mencionamos anteriormente como adequação entre o intelecto e a coisa, é caracterizada exatamente como visão "adequada" ou "correta" (Heidegger enfatiza que o termo grego é *orthotés*). Passar de um estado ao outro é ver de forma mais exata, mais correta, a realidade, até que finalmente o prisioneiro já então libertado pode olhar diretamente o Sol tal como ele é, e o percebe como causa primeira de tudo, cume da metafísica.

A verdade inicialmente entendida na tradição poética como *alétheia*, como desvelamento daquilo que está encoberto, passa agora a ser entendida como visão correta. A constituição do conhecimento como visão correta fica, portanto, estabelecida. Nesse processo da origem da metafísica realista, o conhecimento ou a visão correta, verdadeira, se caracteriza por sua orientação ou direção para o real. A adequação é uma correspondência entre o intelecto e a coisa, ou seja, o real, que se torna assim o termo dominante. Conhecer é conhecer o real tal como ele é, conhecer as coisas exatas (*ortha*). O pressuposto metafísico é também um pressuposto sobre a natureza humana, já que deve haver uma equivalência entre o intelecto humano e a natureza do real. A libertação do prisioneiro é o processo segundo o qual essa natureza se desenvolve até atingir a plenitude da visão do Sol.

Isso teria levado, segundo Heidegger, à perda do sentido originário de manifestação/revelação do ser. A verdade tornou-se assim uma relação sujeito-objeto, base de toda nossa concepção de epistemologia, central no pensamento moderno, mas originando-se, de acordo com a interpretação heideggeriana, já na teoria platônica do conhecimento, tal como representada pela Alegoria da Caverna. Com isso perdeu-se, na visão de Heidegger, a possibilidade de uma experiência do real mais originária, que não seja cognitiva, ou seja, sem a intermediação da representação correta do real encontrada na alegoria da visão adequada ao objeto.

2.5. A distinção constatativo/performativo

O filósofo inglês John L. Austin (1911-1960) introduziu a distinção entre sentenças constatativas e sentenças performativas como um questionamento da centralidade da noção de verdade e da concepção tradicional de que a linguagem serve primordialmente para descrever o real, sendo verdadeiras as sentenças que descrevem os fatos tais como são. Teria havido assim na tradição um privilégio injustificado em relação à prioridade atribuída a sentenças verdadeiras na relação entre o ser humano e o real.

Segundo Austin, há uma diferença fundamental entre uma sentença do tipo "João está correndo no jardim", que efetivamente descreve um fato e é verdadeira quando João está correndo no jardim, e a sentença "Prometo que devolvo seu livro amanhã", que não descreve um fato (ou uma intenção do falante), mas por meio da qual o falante faz uma promessa, assume um compromisso ao proferir a sentença e produz expectativas no ouvinte quanto ao que enuncia. O proferimento (*utterance*) constatativo, nas palavras de Austin, consiste em uma descrição, ou uma constatação, em que o falante descreve o que observa, e nesse sentido pode ser verdadeiro ou falso. O proferimento performativo, diferentemente do anterior, consiste em um ato de fala em que o falante afirma um compromisso e, nesse sentido, não é nem verdadeiro nem falso, mas pode ser, nesse caso, sincero ou insincero, bem ou malsucedido. Não cabe aqui a caracterização de verdadeiro ou falso. O mesmo pode-se dizer de atos de fala como "aposto", "aprovo", "nomeio", "demito", "absolvo", "condeno" e muitos outros em que o proferimento da sentença *é* o próprio ato, o que, em condições favoráveis, equivale à realização da ação de apostar, aprovar etc. O performativo é muito mais comum em nossa linguagem do que o privilégio da concepção descritiva das sentenças e da distinção entre verdadeiro e falso nos levou tradicionalmente a aceitar. Para Austin, a linguagem deve ser vista sobretudo como uma forma de ação no real e não como descrição. Nesse sentido até mesmo o constatativo possui uma dimensão performativa, porque, ao descrever o real, assumo um compromisso com o que digo na medida em que devo ter boas razões para isso, podendo ainda ser cobrado quanto a isso por meus interlocutores.

3. A verdade em sentido jurídico

A discussão filosófica sobre a verdade, sobretudo epistemológica, mostra que, apesar da centralidade desse conceito, encontramos várias teorias em conflito, sem que se tenha chegado entre os filósofos a um consenso a respeito. Vimos também que autores como Nietzsche são bastante críticos do conceito de verdade tradicional e que outros autores contemporâneos buscam redefinir a verdade, como Heidegger, ou apresentar alternativas, como Austin, colocando-a em pé de igualdade na visão dos atos de fala com os conceitos de sucesso e de realização dos atos, em relação a muitos dos quais não cabe a distinção entre verdadeiro e falso. É talvez da natureza da própria discussão filosófica que seus conceitos sejam examinados e reexaminados, discutidos criticamente, sem que jamais uma definição se imponha. Isso se dá não só com a verdade, mas com outros conceitos igualmente fundamentais da tradição filosófica, como conhecimento, justiça, bem e beleza.

Quando, porém, entramos no campo do Direito e da Justiça, em que também o conceito de verdade é fundamental, já que em um processo se busca estabelecer a verdade dos fatos, e é essa verdade que permitirá fazer valer direitos, condenar ou absolver, temos outro contexto de discussão. Nesse contexto, diferentemente do filosófico, as questões não podem permanecer em aberto enquanto se decide de que sentido de verdade se trata, nem se pode aceitar que juiz, promotor e advogado de defesa, por exemplo, tenham diferentes concepções de verdade. O objetivo de fazer justiça deve prevalecer, e, com esse objetivo estabelecido, o sistema jurídico prescreve uma série de princípios e regras procedimentais sobre como chegar à verdade. É disso que trataremos agora, propondo assim um contraste entre a discussão jurídica e a filosófica.

Já na filosofia grega encontramos essa relação bastante próxima entre Filosofia e Direito, e podemos considerar mesmo que uma das motivações para o desenvolvimento da discussão filosófica entre sofistas, Sócrates, Platão e Aristóteles foi a situação política na Atenas dos séculos V e IV a.C., além da necessidade de se chegar ao que seria a prática da justiça naquela sociedade.

Encontramos, por exemplo, no *Teeteto* de Platão, já mencionado, exemplos de dificuldade de definir o conhecimento e estabelecer a verdade e a deliberação por um júri. O exemplo do júri é parte do argumento de que a opinião, ou crença (*dóxa*), ainda que verdadeira, não equivale a conhecimento. Um júri delibera acerca de uma acusação de um crime, chega a uma decisão sobre a culpa do acusado e condena o verdadeiro culpado. Ainda assim, segundo Platão, não podemos considerar que o júri tem um conhecimento do que realmente se passou, já que não foi testemunha ocular do crime, mas apenas ouviu testemunhas e examinou provas, portanto, elementos indiretos acerca do ocorrido. O veredicto é verdadeiro e, nesse sentido, justo, mas não em consequência efetivamente de conhecimento.

Na filosofia contemporânea do Direito, a assim chamada "epistemologia jurídica" tem adquirido um papel cada vez mais importante. Busca aplicar ao campo do Direito discussões correntes em epistemologia, tendo em vista essas questões levantadas já por Platão.

Encontramos também nesse contexto uma retomada das discussões filosóficas em torno do correspondentismo e do coerentismo, sobretudo. É claro que a verdade como correspondência com os fatos tem um privilégio na medida em que uma investigação, um processo e um julgamento buscam chegar a uma decisão sobre o que efetivamente se passou, no intuito de fazer justiça. Porém, de certa forma, as decisões são sempre tomadas dentro do quadro de uma série de instrumentos legais, desde a Constituição até o Código Penal e o Código de Processo Penal. Nesse sentido, temos um sistema em relação ao qual a verdade do que se estabelece deve ser coerente.

Isso se torna particularmente importante no caso de litígios, por exemplo, em discussões sobre legitimidade da posse de uma propriedade, em que cada parte reivindica para si a razão; a decisão deve ser tomada com base no exame dos fatos à luz do sistema legal. De certa forma, o que são os fatos depende do que a lei define como tal e considera admissível no processo. Nesse sentido, é famosa a fórmula jurídica "o que não está nos autos não está no mundo", significando exatamente que não pode ser levado em conta na decisão.

É o sistema, portanto, que definirá o que conta como evidência, qual o valor do depoimento de uma testemunha, o que conta como prova, o que é admissível no processo e o que poderá entrar na cadeia de argumentos e raciocínios que consideramos ser parte fundamental do processo de decisão, por exemplo, de um julgamento.

Uma grande questão, nesse quadro, é: até que ponto culpa e inocência estão suficientemente determinados para que se chegue a uma decisão? O que conta como evidência de que um crime foi cometido por alguém? Até que ponto provas são conclusivas? A possibilidade de que uma decisão justa corresponda à verdade do que ocorreu é assim dependente de uma série de definições com base nas quais as deliberações são tomadas. Daí princípios como *in dubio pro reo*, ou seja, "em caso de dúvida – os ingleses usam o conceito de *reasonable doubt*, ou dúvida cabível –, deve-se decidir em favor do réu". Isso se baseia por sua vez no princípio de que é melhor deixar livre um culpado do que condenar um inocente, e, com frequência, não se consegue em um julgamento estabelecer a verdade de modo conclusivo. Contudo, ao contrário da discussão filosófica ou da teoria da ciência, uma decisão deve ser tomada; o processo não pode simplesmente permanecer em aberto.

Quando em um julgamento temos um réu, cuja culpa ou inocência se visa estabelecer, um promotor a quem cabe o ônus da prova, ou seja, provar a culpa, um advogado de defesa que deve defendê-lo das acusações e, portanto, mostrar que as supostas provas apresentadas são insuficientes para condená-lo, um juiz a quem cabe zelar pela condução devida de todo o processo e um júri a quem cabe a deliberação final, isso nos revela que a determinação da verdade depende de uma série de convenções legais. Isso ocorre exatamente em consequência da preocupação de que, em muitas ocasiões, estabelecer a verdade sobre o ocorrido pode ser muito mais difícil do que certo realismo ingênuo parece supor.

Um dos últimos indivíduos a ser condenado à morte na Inglaterra, no famoso caso Christie, nos anos 1950, era inocente, e quando se descobriu o verdadeiro culpado, isso causou tal comoção pública que contribuiu para levar à abolição da pena de morte, já que o erro sequer poderia ser reparado.

Michel Foucault (1926-1984), em *A verdade e as formas jurídicas* (1973), mostra, em sua análise da formação da Modernidade e dos mecanismos de controle e disciplinarização, como a noção jurídica de prova muda, correspondendo a novos pressupostos metodológicos, novos mecanismos de poder e a uma nova concepção de natureza humana que se caracteriza pelo nascimento do sujeito moderno. Na Conferência III, Foucault formula um contraste bastante significativo entre o sistema de prova moderno e o sistema medieval de prova por ordália, em que o acusado deveria cumprir uma série de provas, como andar sobre brasas e resistir a tentativas de afogamento. Se conseguisse sobreviver incólume, isso significaria que sua inocência estava provada e que Deus estava de seu lado. É claro que, sendo isso praticamente impossível, todos acabavam sendo condenados, mas tampouco esse resultado, que não permitia quase nenhuma absolvição, era questionado. Foucault nos mostra, assim, como essa noção medieval de prova, que hoje nos parece absurda e irracional foi, no entanto, aceita durante certo período na Idade Média, quando se considerava que, em última análise, o julgamento estava nas "mãos de Deus".

4. Conclusão

O conceito de verdade permanece central em nossa tradição e em nossa experiência. Sobretudo quando o contrastamos com a falsidade e o erro, o apelo da verdade é indiscutível, e todos queremos chegar a ela, defendê-la e evitar, por exemplo, a condenação de um inocente. Por isso, de um ponto de vista epistemológico, relacionamos verdade e certeza, o que, no entanto, como vimos, é um erro conceitual.

A definição de verdade é bem mais complexa do que pode parecer, e, em muitos casos, simplesmente não conseguimos chegar a um resultado satisfatório. A própria Filosofia admite isso ao introduzir conceitos fundamentais para nossa experiência, para nossas teorias e para nossas decisões, como o conceito de indecidível e de indeterminável, reconhecendo não que a verdade não seja importante, mas que é necessário aceitar nossos limites em tentar estabelecê-la, a fim de encontrar alternativas nesses casos.

Examinamos aqui alguns desses questionamentos, mas também propostas que mostram como quando criticamos a noção correspondentista da verdade não estamos abrindo mão da noção de verdade, mas apenas admitindo que, tendo em vista a dificuldade de manter alguns de seus pressupostos metafísicos, podemos, no entanto, encontrar outros conceitos que nos permitam fazer distinções entre o verdadeiro e o falso, o certo e o errado, ainda que não necessariamente de forma conclusiva.

OUVINDO OS TEXTOS

A seleção de textos que se segue visa ilustrar as principais posições filosóficas acerca da verdade discutidas brevemente aqui. Queremos assim que o leitor tenha contato direto com as obras e que a leitura dessas passagens ilustrativas possa servir de ponto de partida para uma consulta e uma leitura mais aprofundada dos clássicos da tradição antiga, medieval, moderna e contemporânea citados e referidos neste estudo sobre as várias concepções de verdade.

Texto 1. Platão (427-347 a.C.), *O que torna verdadeira ou falsa uma sentença*

Estrangeiro: Vou proferir para você uma sentença em que uma ação e o resultado dessa ação estão combinados por meio de um nome e de um verbo, e você me dirá qual o objeto da sentença.

Teeteto: Eu o farei tanto quanto puder.

Estrangeiro: "Teeteto está sentado", não se trata de uma sentença longa, não é?

Teeteto: Não, é bem curta.

Estrangeiro: Agora me diga sobre o que é essa sentença?

Teeteto: Sobre mim, é de mim que ela fala.

Estrangeiro: E esta sentença agora?

Teeteto: Qual?

Estrangeiro: "Teeteto, com quem estou conversando, voa."

Teeteto: Todos concordariam que também é sobre mim.

Estrangeiro: Mas, concordamos que toda sentença deve ter alguma qualidade.

Teeteto: Sim.

Estrangeiro: E que qualidade deve ser atribuída a cada uma dessas sentenças?

Teeteto: Uma é falsa, suponho, e a outra, verdadeira.

Estrangeiro: A verdadeira afirma os fatos tal como se dão em relação a você.

Teeteto: Com certeza.

Estrangeiro: E a falsa afirma os fatos diferentemente de como são em relação a você.

Teeteto: Sim.

Estrangeiro: Em outras palavras, fala das coisas que não são de uma determinada maneira como se fossem.
Teeteto: Sim, é o que ocorre.

> PLATÃO. *Sofista* 263a-263c. Trad. Danilo Marcondes, com base no texto original grego, presente na edição inglesa: PLATO. *Theaetetus & Sophist*. Cambridge: Harvard University Press, 1996 (Loeb Classical Library).

Texto 2. Platão (427-347 a.C.), *O júri pode decidir a verdade sem ter conhecimento*

Sócrates: Nesse caso, quando os juízes são persuadidos de maneira justa, com relação a fatos presenciados por uma única testemunha, ninguém mais, julgam por ouvir dizer após formarem opinião verdadeira; é um juízo sem conhecimento, porém ficaram bem persuadidos, pois sentenciaram com acerto.
Teeteto: Isso mesmo.
Sócrates: No entanto, amigo, se conhecimento e opinião verdadeira nos tribunais fossem a mesma coisa, nunca o melhor juiz julgaria sem conhecimento. Mas agora parece que são coisas diferentes.

Teeteto: Sobre isso, Sócrates, esquecera-me do que ouvi alguém dizer, porém agora volto a recordar-me. Disse essa pessoa que conhecimento é crença verdadeira acompanhada de explicação racional e que, sem esta, deixava de ser conhecimento. As coisas que não encontram explicações não podem ser conhecidas – era como se expressava – sendo, ao revés disso, objeto de conhecimento todas as que podem ser explicadas.

PLATÃO. *Teeteto* 201b-d. In: *Diálogos*. Trad. Carlos Alberto Nunes. Belém: UFPA, 1975.

Texto 3. Aristóteles (384-322 a.C.), *Sobre a verdade e a falsidade de sentenças*

Por vezes há pensamentos em nossas mentes (*psyché*) que não são acompanhados nem pela verdade, nem pela falsidade; outras vezes há pensamentos que podem ser verdadeiros ou falsos. O mesmo modo se dá em nosso discurso, uma vez que a combinação e a separação são essenciais para que se tenha o verdadeiro e o falso. Um nome ou um verbo, tomados em si mesmos, parecem-se com pensamentos que não estão nem combinados, nem separados. Assim ocorre com "homem" ou com "branco", por exemplo, quando proferidos sem nenhum acréscimo. Como tais, não são nem verdadeiros, nem falsos. [...] Uma sentença é um discurso cujas partes podem ter significado, isto é, como sendo proferidas sem expressar um juízo positivo ou negativo. Deixem-me explicar isso melhor. Tomemos "mortal": sem dúvida, essa palavra tem significado, porém não afirma nem nega; algum acréscimo é necessário para que possa afirmar ou negar. [...] Mas, enquanto toda sentença tem significado, embora não por natureza, mas por convenção, nem todas podem ser denominadas proposições (*lógos apophantikós*). Denominamos proposições aquelas que são verdadeiras ou falsas. Uma prece, por exemplo, é uma sentença, mas não é nem verdadeira nem falsa. Não as consideramos aqui porque seu estudo diz mais respeito à retórica ou à poética.

ARISTÓTELES. *Sobre a interpretação* I, 1 e I, 4. Trad. Danilo Marcondes, com base no texto original grego, presente na edição inglesa: ARISTOTLE. *Categories & On Interpretation & Prior Analitics*. Cambridge: Harvard University Press, 1938 (Loeb Classical Library).

Texto 4. Tomás de Aquino (1225-1275), *A verdade é ligada à percepção e à reflexão*

A verdade é no intelecto e também nos sentidos, mas não do mesmo modo. No intelecto, pois, a verdade resulta do ato do intelecto e é conhecida pelo intelecto: com efeito, ela segue-se à operação do intelecto segundo a qual o juízo do intelecto é da coisa enquanto esta é. Por isso, a verdade é conhecida pelo intelecto na medida em que o intelecto reflete sobre seu próprio ato, não somente por conhecer a proporção entre o próprio ato e a realidade; proporção que não pode ser conhecida se não for conhecida a natureza do próprio ato, a qual não pode ser conhecida sem o conhecimento do princípio ativo, que é o próprio intelecto, cuja natureza é o conformar-se às coisas: daí que o intelecto conhece a verdade enquanto reflete sobre si mesmo. Por outro lado, a verdade é nos sentidos como resultante de seus atos, porquanto o juízo dos sentidos é, a saber, da coisa enquanto esta é, todavia não é nos sentidos enquanto conhecida pelos sentidos: pois ainda que os sentidos julguem verdadeiramente as coisas, todavia não conhecem a verdade pela qual verdadeiramente julgam; pois ainda que os sentidos tenham conhecimento do próprio sentir, todavia não conhecem a própria natureza e por consequência nem a natureza do próprio ato nem a proporção deste às coisas, e assim nem a própria verdade.

> TOMÁS DE AQUINO. "Questões disputadas 'Sobre a verdade'", questão 1, artigo 9. In: *Verdade e conhecimento*. Trad. Luiz Jean Lauand e Mario Bruno Sproviero. São Paulo: WMF Martins Fontes, 2013, p. 251.

Texto 5. Pierre Gassendi (1592-1655), *Verdade e verossimilhança*

Como se pode ver, há dificuldades com ambas as posições [aristotélica e copernicana]. Portanto, é melhor não nos pronunciarmos conclusivamente sobre essa questão, mas nos satisfazermos em relatar a aparição do cometa que ocorreu não faz muito tempo, em primeiro lugar como o vimos e, em seguida, por meio de uma combinação de nossas conjecturas e observações com as de outros, para podermos então afirmar o que for possível com algum grau de verossimilhança. [...] Trata-se de um dos maiores prazeres que temos poder dissipar a escuridão e as brumas da alma de tal modo que, mesmo que não nos seja possível ver a luz da verdade brilhando como o sol, contudo cheguemos à luz crepuscular da verossimilhança. Embora não possamos perceber causas que sejam certas e indubitáveis, contudo alcançamos alguns aspectos da probabilidade.

GASSENDI, P. *Syntagma philosophicum. Apud*
BRUNDELL, B. *Pierre Gassendi: from Aristotelianism to a New Natural Philosophy.* Dorderecht: D. Reidel, 1987, pp. 31 e 100. Trechos traduzidos por Danilo Marcondes.

Texto 6. Immanuel Kant (1724-1804), *Circularidade na definição de verdade*

A verdade, diz-se, consiste na concordância do conhecimento com o objeto. Por conseguinte, de acordo com essa explicação meramente verbal, o conhecimento deve concordar com o objeto para ser aceito como verdadeiro. Ora, só posso comparar o objeto com o meu conhecimento na medida em que o conheço. O meu conhecimento deve, pois, confirmar-se a si mesmo, o que, porém, nem de longe é suficiente para a verdade. Pois, visto que o objeto está fora de mim e o conhecimento está em mim, a única coisa que posso fazer é avaliar se o meu conhecimento do objeto concorda com o conhecimento do objeto. A semelhante círculo na explicação os Antigos chamavam dialelo. E, de fato, esse erro foi sempre objetado aos lógicos pelos céticos, que observavam: com essa explicação da verdade acontece a mesma coisa que ocorre quando alguém faz uma declaração em juízo e, ao fazê-lo, apela a uma testemunha que ninguém conhece, mas que pretende tornar-se digna de fé afirmando que quem a citou como testemunha é um homem honesto. A acusação, sem dúvida, tinha fundamento. Só que a solução do problema em questão é, para qualquer um, absolutamente impossível.

KANT, I. *Lógica* (A70). Trad. Guido Antonio de Almeida. Rio de Janeiro: Tempo Brasileiro, 1992.

Texto 7. Friedrich Nietzsche (1844-1900), *Verdade e mentira em sentido extramoral*

O que é, portanto, a verdade? Uma multidão móvel de metáforas, metonímias e antropomorfismos; em resumo, uma soma de relações humanas que foram realçadas, transpostas e ornamentadas pela poesia e pela retórica e que, depois de um longo uso, pareceram estáveis, canônicas e obrigatórias aos olhos de um povo: as verdades são ilusões das quais se esqueceu que são, metáforas gastas que perderam a sua força sensível, moeda que perdeu sua efígie e que não é considerada mais como tal, mas apenas como metal.

NIETZSCHE, F. *Sobre a verdade e a mentira em um sentido extramoral*, § 1. Trad. Noéli Correia de Melo Sobrinho. Disponível em: http://ensaius.files.wordpress.com/2008/03/sobre-a-verdade-e-a-mentira-no-sentido-extramoral.pdf

Texto 8. Michel Foucault (1926-1984), *A verdade e as formas jurídicas*

A hipótese que gostaria de propor é que no fundo há duas histórias da verdade. A primeira é uma espécie de história interna da verdade, a história de uma verdade que se corrige a partir de seus próprios processos de regulação: é a história da verdade tal como se faz, ou a partir da história das ciências. Por outro lado, parece-

-me que existem na sociedade, ou pelo menos, em nossas sociedades, vários outros lugares onde a verdade se forma, onde um certo número de regras do jogo são definidas – regras do jogo a partir das quais vemos nascer algumas formas de subjetividade, certos domínios do objeto, certos tipos de saber – e por conseguinte podemos a partir daí fazer uma história externa, exterior, da verdade. As práticas judiciárias, a maneira pela qual entre os homens se arbitram os danos e as responsabilidades, o modo pelo qual na história do Ocidente se concebeu e se definiu a maneira como os homens podiam ser julgados em função dos erros que haviam cometido, a maneira como se impôs a determinados indivíduos a reparação de algumas de suas ações e a punição de outras, todas essas regras ou se quiserem todas essas práticas regulares, mas também modificadas sem cessar através da história – me parecem uma das formas pelas quais nossa sociedade definiu tipos de subjetividade, formas de saber e, por conseguinte, relações entre o homem e a verdade que merecem ser estudadas.

FOUCAULT, M. *A verdade e as formas jurídicas.* Trad. Roberto Machado e Eduardo Jardim. Rio de Janeiro: Nau, 2002, p. 11.

Texto 9. John L. Austin (1911-1960), *Proferimentos performativos*

Comecei por chamar a atenção, mediante exemplos, para alguns proferimentos simples do tipo conhecido como performatórios ou performativos. Esses proferimentos têm a aparência – ou pelo menos a forma gramatical – de "declarações" (*statements*); observados mais de perto, porém, resultam ser proferimentos que não podem ser "verdadeiros" nem "falsos". No entanto, ser verdadeiro ou falso é a marca característica de uma declaração. Um de nossos exemplos era o proferimento "Aceito" (essa mulher como minha legítima esposa...), quando proferido no decurso de uma cerimônia de casamento. Aqui devemos assinalar que, ao dizer essa palavra, estamos *fazendo* algo, a saber, estamos nos casando e não relatando algo, a saber, o fato de nos estarmos casando. E o ato de casar, como, digamos, o ato de apostar, por exemplo, deve ser descrito (ainda que de modo inexato) como um ato de dizer certas palavras, não como realização de um ato distinto, interior e mental, de que tais palavras são meros sinais externos e audíveis.

AUSTIN, J. L. *Quando dizer é fazer* – Conferência 2. Trad. Danilo Marcondes. Porto Alegre: Artes Médicas, 1990.

EXERCITANDO A REFLEXÃO

1. Questões para retomar a leitura dos capítulos deste livro:

1.1. Por que buscamos a verdade? Como entender sua relevância em nossa tradição?

1.2. Que distinção preliminar se pode estabelecer entre o sentido epistemológico e o sentido jurídico de verdade?

1.3. Como se pode entender a relação entre verdade e conhecimento?

1.4. Em que medida podem-se considerar as concepções coerentistas e consensualistas compatíveis com o correspondentismo?

1.5. Em que sentido a noção de probabilidade vem dar conta de algumas dificuldades do conceito de verdade?

2. Praticando-se na análise de textos:

Leia os comentários fornecidos abaixo e procure, em cada texto correspondente, elementos que confirmem o que é dito em cada comentário. Na sequência, procure na exposição feita nos capítulos 1, 2 e 3 elementos que complementem os comentários:

2.1. *Comentário ao texto 1.* Nessa passagem temos o momento em que Platão define uma sentença como a articulação entre nome (*ónoma* no original; "sujeito", também diríamos hoje) e verbo (*rhema* no original; "predicado", também diríamos hoje), que pretende descrever um fato percebido como existente na realidade; e pode ser verdadeira quando descreve as coisas como são, e falsa, quando não o faz. Essa é uma das bases da teoria realista da verdade e do correspondentismo.

2.2. *Comentário ao texto 2.* O assim chamado "paradoxo do júri" mostra que, segundo Platão, a noção de verdade é insuficiente para garantir conhecimento, pois um júri pode, por exemplo, condenar um réu culpado e, portanto, emitir um juízo verdadeiro com base apenas em informações secundárias, testemunhos, provas documentais, a argumentação do advogado de defesa e do promotor, sem que nada disso efetivamente garanta conhecimento do que ocorreu. Portanto, Platão admite que a verdade não necessariamente representa a realidade como ela é se sua afirmação não for seguida de uma explicação racional, ou causal: *aitías logismos* é a expressão empregada. Porém, o que conta como tal é difícil de definir, e essa passagem é importante do ponto de vista da discussão cética sobre o conhecimento e a verdade, mas também do ponto de vista da filosofia do Direito, sobre o que pode contar como prova e como argumentação jurídica.

2.3. *Comentário ao texto 3*. Aristóteles segue aqui a posição de Platão no *Sofista*, examinada anteriormente. Palavras tomadas isoladamente não são nem verdadeiras nem falsas, a verdade e a falsidade são propriedades de combinações de palavras (sujeito e predicado) com base nas quais afirmamos ou negamos algo que pode ser verdadeiro ou falso em relação à realidade que visam descrever.

2.4. *Comentário ao texto 4*. Esse texto permite conhecer melhor o que Tomás de Aquino entendia por adequação entre o intelecto e a realidade. Ele não parte de um pressuposto simples ou ingênuo, segundo o qual a realidade se reflete diretamente no pensamento, nem acredita que se pode afirmar, sem maiores análises, que aquilo que está no pensamento corresponde ao modo de ser das coisas na realidade. Ele prefere dizer que a problemática da verdade corresponde, em primeiro lugar, ao conhecimento que o intelecto tem de si mesmo, à volta reflexiva do intelecto sobre si mesmo: é analisando seu próprio modo de relacionar conceitos que o intelecto fala de verdade. Assim, o que ele avalia, ao falar de verdade, é a si mesmo e às correlações que estabelece entre conceitos formados com base na percepção. A percepção não somente capta coisas, mas capta coisas que ela considera existentes. Nessa consideração da existência, ou nesse juízo de existência, que antecede o juízo conceitual, estaria o critério para avaliar se as correlações de conceitos são verdadeiras ou falsas. Historiadores recentes da Filosofia, como Etienne Gilson, recorrem a esse caráter existencial da verdade tomista para relativizar o modo como a maioria dos filósofos modernos criticou o pensamento de Tomás de Aquino como se fosse um pensamento cujo ponto de partida seria o ser e não a existência.

2.5. *Comentário ao texto 5.* Gassendi foi um dos primeiros pensadores do início da Modernidade a questionar a dicotomia entre *verdadeiro* e *falso*, mostrando que dificilmente conseguimos demonstrar inequivocamente que uma explicação científica é verdadeira; porém, isso não deve ser considerado inviabilização da ciência. Introduz então a noção de verossimilhança, que abrirá caminho mais adiante para concepções probabilistas e operacionalistas (verdade é o que funciona, ou dá resultados).

2.6. *Comentário ao texto 6.* Nesse texto de Kant vemos um questionamento sobre a formulação da definição tradicional de verdade como correspondência com a realidade, apontando para a circularidade a que essa concepção leva, uma vez que não temos como comparar a afirmação que fazemos com a realidade do que afirmamos de forma independente para verificar se essa correspondência efetivamente se dá.

2.7. *Comentário ao texto 7.* Essa passagem do texto de Nietzsche ilustra seu argumento segundo o qual a verdade é uma construção histórica e social, e que essa sua origem fica escamoteada pelo modo como se passa a aceitar essa noção, esquecendo-se então a função que exerce e o modo pelo qual opera. Aquilo que na melhor das hipóteses pode ser visto como uma metáfora, uma imagem, torna-se, no entanto, uma certeza. A proposta crítica de Nietzsche, que influenciará fortemente o pensamento contemporâneo, consiste em mostrar que a análise de um conceito deve ser feita por meio da história de sua origem e não como se fosse um universal a-histórico e atemporal.

2.8. *Comentário ao texto 8.* Foucault nos mostra, seguindo a linha de questionamento de Nietzsche, que a noção de verdade em um sentido jurídico varia historicamente em diferentes sociedades, e o que conta como prova, ou o que serve para demonstrar a culpa ou a inocência de alguém, é resultado de diferentes convenções sociais e de mecanismos sociais e políticos de poder.

2.9. *Comentário ao texto 9.* Nesse texto Austin distingue usos da linguagem que são descrições (o que denomina na Conferência I de constatativos) e que são performances (o que denomina usos performativos), e que consistem na realização de atos por meio de proferimentos, por exemplo, quando digo "prometo". Esses atos, como não descrevem um fato, não podem ser verdadeiros nem falsos, mas são interpretados como bem ou malsucedidos. Que nem todo uso da linguagem é passível de ser verdadeiro ou falso, Aristóteles já reconhecia (ver texto), dando o exemplo da prece. Porém, Austin mostra que esses casos são muito mais comuns do que se reconhece, e que a Filosofia privilegiou indevidamente a distinção entre o verdadeiro e o falso.

DICAS DE VIAGEM

A Verdade na literatura e no cinema

A verdade e as estórias policiais

A literatura policial, as estórias de mistério e de detetive são o gênero literário que constitui um dos melhores exemplos do tema da busca da verdade. Temos aí praticamente todos os elementos fundamentais de uma discussão filosófica sobre essa questão. Há um mistério a ser resolvido e o detetive, aquele que investiga, está em busca da verdade; a verdade consiste na reconstrução dos fatos, não se revela de imediato, mas é preciso examinar várias evidências que por vezes podem ser enganosas. O detetive, no final, deve ser capaz de explicar o que aconteceu e de fornecer provas daquilo que diz. Há também o aspecto moral e jurídico envolvido. Um crime foi cometido, o responsável deve ser encontrado e punido e com isso se restaura o equilíbrio.

Desde aquele que é considerado o pioneiro no gênero, ou seja, o romance *Os assassinatos da rua Morgue*, de Edgar Allan Poe (1841), até as estórias de Sherlock Holmes, escritas por Arthur Conan Doyle, os romances policiais de Georges Simenon, com seu inspetor Maigret, ou de Agatha Christie, com seu inspetor Poirot, e os clássicos de Raymond Chandler, com romances famosos como *A dama no lago*, e de Dashiell Hammet, com *O falcão maltês*, encontramos em todos eles a trama da busca da verdade por alguém capaz de pensar de modo não convencional, desconfiando das aparências e investigando novas evidências até chegar à verdade, solucionar o mistério e identificar os reais responsáveis pelo crime. O detetive representa de certa forma o filósofo com sua busca pela verdade, seu compromisso ético, sua atitude cética e, finalmente, com a explicação racional dos fatos que apresenta por meio de uma argumentação implacável em que consegue chegar a conclusões fora do alcance dos demais. Os crimes raramente permanecem insolúveis, embora as teorias filosóficas de certa forma sempre permaneçam em aberto.

Em nosso contexto mais recente, o psicanalista Luiz Alfredo García-Roza criou um personagem, o delegado Espinosa, cujo nome evoca o filósofo, e que se revela desiludido e introspectivo. Em seu romance de estreia, em 1996, *O silêncio da chuva*, Espinosa investiga crimes tendo Copacabana como cenário.

Verdade e Cinema

François Truffaut, em seu *A noite americana* (*La nuit américaine*, 1973), mostra os bastidores de uma filmagem e de como o cinema produz sua "realidade". A própria "noite americana" que dá título ao filme é um recurso que utiliza filtros de luz que permitem filmar cenas noturnas à luz do dia. Isso mostra o jogo de ilusão que é produzido em um filme; aquilo que aceitamos como verdadeiro não passa de um conjunto de técnicas de filmagem, de direção e de trabalho dos atores. Contudo, quando assistimos a um filme, praticamos uma espécie de "suspensão da descrença" e "entramos no jogo" do cinema, aceitando o que vemos como verdade.

Em *A Rosa Púrpura do Cairo* (1985), Woody Allen imagina exatamente um filme dentro do filme, um processo no qual o ator "sai" da tela e participa da "vida real" dos personagens, que por sua vez estão assistindo ao filme. Mostra como realidade e ficção podem se confundir. Ao mesmo tempo que questiona o escapismo do personagem Cecília, que vai ao cinema para fugir de sua dura realidade, o filme mostra a importância da fantasia e da ilusão em nossas vidas. Allen desenvolve a trama em torno do triângulo amoroso entre Cecília, o personagem do filme, o ator que faz o personagem e seu marido. Há um momento em que ela não consegue mais saber por quem está verdadeiramente apaixonada.

Doze homens e uma sentença (1957), de Sidney Lumet, foi considerado pela *Associação Norte-Americana de Críticos de Cinema* um dos 50 melhores filmes de todos os tempos. Em um estilo realista, quase documental, foi filmado em um único cenário, uma sala de júri em um tribunal de Nova York no qual se decide o veredicto sobre o julgamento de um rapaz acusado de homicídio e passível de pena de morte. A temática relevante para nossa discussão consiste na mudança de posição dos membros do júri. Inicialmente convencidos de que o réu é culpado, com a exceção de um jurado, vão mudando de posição à medida que esse jurado vai demolindo as convicções de cada um. Inicialmente certos da culpa do réu, vão percebendo que a verdade é muito difícil de estabelecer e que as evidências de que dispunham podiam ser questionadas, não havendo provas conclusivas. O veredicto, que é quase unânime pela condenação, torna-se ao longo do processo um veredicto unânime pela não condenação por falta de provas, sobretudo considerando o risco da pena de morte, caracterizando-se então como um caso de "dúvida cabível".

Você pode assistir, com grande proveito, ao documentário de Jean Flechet (1965), sobre a Filosofia e a verdade, no Youtube: www.youtube.com/watch?v=bmWhgV6RAVU

LEITURAS RECOMENDADAS

COMTE-SPONVILLE, A. *Valor e verdade*. Trad. Eduardo Brandão. São Paulo: WMF Martins Fontes, 2008.
A obra propõe pensar a relação entre valor e verdade com base em problemas como: se o valor é verdadeiro, como escapar da religião? Se não é, como escapar do niilismo? Se a verdade comanda, como escapar do dogmatismo? Se obedece, como escapar da sofística?

ENGEL, P. e RORTY, R. *Para que serve a verdade?* Trad. Antonio Carlos Olivieri. São Paulo: Unesp, 2008.
Debate entre Pascal Engel e Richard Rorty no qual as divergências de ambos quanto a temas como dogmatismo, relativismo e ceticismo são expostas de modo a serem transcendidas rumo a uma compreensão mais sofisticada de verdade.

GARCIA, F. A. "Filosofia e verdade". *Acta Scientiarum*. Maringá, 23(1), 2001, pp. 251-5.
O artigo sumariza alguns dos pontos centrais sobre o conceito de verdade e seu uso na tradição filosófica.

Disponível em: *http://periodicos.uem.br/ojs/index.php/ ActaSciHumanSocSci/article/view/2799*

JAPIASSU, H. *Nem tudo é relativo: a questão da verdade.* São Paulo: Letras & Letras, 2001.

Estudo bem-humorado e perspicaz sobre o relativismo, a obra conduz a uma visão sobre o modo como os filósofos conceberam a verdade e oferece farta bibliografia de autores contemporâneos.

MATIDA, J. R. *O problema da verdade no processo.* Dissertação de mestrado. Rio de Janeiro: Departamento de Direito da PUC-RJ, 2009.

Estudo pormenorizado do problema da verdade no processo jurídico. Disponível em: *http://www.dominiopublico. gov.br/download/teste/arqs/cp120031.pdf*

MILLER, A. *A verdade liberta.* São Paulo: Martins Fontes, 2004.

A obra explora uma experiência contemporânea muito instigante: a experiência da verdade na tradição psicológica e psicanalítica. Embora não se possa garantir que a verdade reconstruída pelo paciente em análise corresponde a uma verdade objetiva do que ocorreu em sua história pessoal, também não se pode negar que a verdade por ele reconstruída ou descoberta traz resultados impressionantes, rumo à sua pacificação. A autora estuda as influências que provêm das primeiras experiências emocionais dos indivíduos e perduram na vida adulta, produzindo, muitas vezes, um círculo vicioso de violência. Tal círculo pode ser interrompido pela experiência da verdade sobre a história pessoal.

PAREYSON, L. *Verdade e interpretação*. São Paulo: Martins, 2005.

O autor propõe uma compreensão da verdade imersa na História, sem cair na mera contemplação, acessível a uma pluralidade de perspectivas e, contudo, bem sólida na sua ulterioridade sem figura, que lhe permite exigir um empenho total, sem anular-se na pura práxis nem multiplicar-se infinitamente ou esvair-se no relativismo. Investiga o conceito de "interpretação" como capaz de satisfazer a tão opostas exigências. Existencialismo, marxismo, psicanálise, neopositivismo, ciências humanas, ideologia, revolução, tradição, práxis, técnica, comunicação, demitologização; todas as correntes mais importantes e os problemas mais urgentes do mundo de hoje são enfrentados na cerrada e animada discussão deste livro, que é fruto, a um só tempo, de uma rigorosa meditação filosófica e de uma decidida e frequentemente polêmica tomada de posição.

RAGO CAMPOS, M. J. *Arte e verdade*. São Paulo: Loyola, 1992.

Estudo vigoroso da relação entre arte e verdade segundo as questões postas pelo pensamento de Heidegger e Nietzsche.